MAISON D'ÉDUCATION

DIRIGÉE PAR

Mme Dounie

Distribution des Prix

Du 23 Août 1849

Histoire de F.

1re Classe, 2e Division.

2e prix obtenu par

Mlle M. Videlier

C. Dounie

LE BON PASTEUR

LE BON PASTEUR

OU MONSEIGNEUR

DENIS-AUGUSTE AFFRE

ARCHEVÊQUE DE PARIS.

Par l'auteur de *Marie protectrice de la France.*

Personne ne peut avoir un plus grand amour, que
de donner sa vie pour ses amis. — S. Jean, ch. iv.

LILLE

L. LEFORT, IMPRIMEUR – LIBRAIRE

1849.

Mgr AFFRE DENIS AUGUSTE.

Archevêque de Paris

PROPRIÉTÉ DE

LE BON PASTEUR.

CHAPITRE PREMIER.

Naissance et éducation de Denis–Auguste Affre.

PENDANT ces sinistres journées de juin, où deux sociétés se sont disputées l'arène, où la civilisation a lutté pied à pied avec la barbarie, la charité du Christ a resplendi au milieu des vertus guerrières, et une victime volontaire est tombée, offrant son sang pour le salut de ses frères. C'est l'histoire de ce Pasteur dévoué, frappé par ses brebis, c'est l'histoire de Mgr. Affre, archevêque de Paris, que nous entreprenons d'écrire. Cette vie s'écoula modeste, à l'ombre du sanctuaire, et sans doute ses humbles vertus lui méritèrent l'auréole splendide dont elle fut couronnée.

DENIS-AUGUSTE AFFRE naquit dans les montagnes du Rouergue, à Saint-Rome de Tarn le 28 septembre 1793; il descendait d'une famille honorable et pleine de vertus. Il appartenait par les liens du sang à l'abbé Frayssinous [1], qui fut depuis évêque d'Hermopolis, et qui, le premier, attira à Paris, autour de la chaire chrétienne, un nombreux auditoire échappé au naufrage de l'incrédulité. Les premières années du jeune Denis-Auguste se passèrent dans la paix sévère et dans la douce retraite du foyer domestique. Il fut élevé dans l'amour de cette religion sainte qui souffrait alors de si cruelles persécutions; il apprit à révérer une loi de charité, à laquelle il devait donner un jour le témoignage de son sang, et il voua un inaltérable respect à cette Eglise romaine, qui le verrait prêtre, évêque et martyr. La piété croissait chez lui avec les années; il se plaisait à visiter une pauvre paroisse, située au sommet d'une montagne, près de son

[1] Mgr. Clausel de Montals, évêque de Chartres, était également parent de Mgr. Affre.

village natal, et à prier dans cette solitude avec un recueillement plus parfait ; plus tard, au milieu des pompes de l'épiscopat, il répétait parfois qu'il avait toujours envié, comme le vrai bonheur, d'être le pasteur de cette église, connue seulement de Dieu et de quelques pauvres bergers.

Parvenu à l'adolescence, Denis-Auguste fut envoyé au collége de Sainte-Affrique, où il fit ses premières études, moins la rhétorique toutefois. Il en plaisantait lui-même, et quand on le complimentait sur ses écrits : « Je n'ai pourtant pas fait de rhétorique ! » disait-il en souriant. Cependant la France, après de si cruelles luttes, commençait à respirer ; le premier Consul, obéissant à l'inspiration mystérieuse qui l'avait conduit si haut, venait de rouvrir les Temples ; les écoles de la science sacrée se rouvraient à leur tour, et parmi elles l'on comptait le séminaire de Saint-Sulpice, qui a fourni tant de saints prêtres au clergé de France. Le jeune Affre y entra à l'âge de quatorze ans ; il y eut pour maîtres M. Boyer, son oncle, et M. Frayssinous, son parent, et pour supérieur, le vénérable abbé Emery, dont les

vertus et les lumières avaient frappé de respect Napoléon lui-même. Le jeune élève eut
le bonheur de se voir particulièrement distingué par ce vénérable vieillard, qui, plein de
l'expérience des jours, lisait peut-être, dans ce
cœur d'enfant, les germes de l'abnégation héroïque qui a si généreusement éclaté à nos
regards.

Ce fut dans cette maison sainte, au milieu
des plus graves études, sous les yeux de ces
dignes prêtres, nobles débris échappés à une
longue persécution, que M. Affre sentit sa
vocation au sacerdoce se déterminer irrévoca-
blement. Il entretint avec soin cette première
flamme et se livra aux travaux théologiques,
auxquels il associait la lecture approfondie des
grands modèles de l'art littéraire, et plus tard,
sous les ombrages de sa petite maison de campagne de Saint-Germain, il se plaisait à re-
trouver dans un coin de sa mémoire les pages
de Bossuet et de Racine, de Virgile et de
Pascal, qui avaient le plus charmé son adolescence.

A la mort de M. Emery, le jeune sémina-
riste lui paya un juste tribut de gratitude et

d'amour, en composant son oraison funèbre. Ce discours fut l'objet d'une distinction toute particulière; le nouveau supérieur, M. Duclaux, le jugea digne d'être lu en présence de la communauté entière. Ces pages intéressantes sont perdues, mais sans doute le jeune homme aura célébré avec prédilection la noble fermeté que M. Emery déploya pour la défense de la religion, en résistant au nouveau César devant qui tremblaient peuples et rois [1]; sans doute, il aura montré dans tout son éclat ce courage apostolique, dont l'écho retentissait au fond de son propre cœur.

Peu de temps après, un nouvel orage se déchaîna sur l'Eglise. Le pape Pie VII était

[1] M. Emery fut consulté par l'empereur sur les entreprises que celui-ci croyait pouvoir tenter contre l'Eglise, et notamment sur le projet d'arracher au pape l'institution canonique des évêques pour en investir les officialités. La réponse de M. Emery fut aussi nette que courageuse, et il maintint énergiquement les imprescriptibles droits du saint-siége. Napoléon témoigna son estime d'une pareille conduite, et après la mort de M. Emery, il voulut même l'enlever à la communauté de Saint-Sulpice et le placer au Panthéon. *Voir à ce sujet la* VIE DE PIE VII, *par le chevalier Artaud.*

captif à Fontainebleau, et la colère de l'empereur, frappant sur tout ce qui demeurait fidèle au vicaire de Jésus-Christ, conçut de l'ombrage de la communauté de Saint-Sulpice et dispersa ses membres. M. Affre se rendit alors au séminaire de Clermont, pour y continuer ses études sous la direction de M. Molin, docteur de Sorbonne, un des derniers débris de cette fameuse école.

En 1816, quoiqu'il n'eût pas encore reçu tous les ordres sacrés, il fut envoyé à Nantes comme professeur de philosophie. Pendant son séjour dans cette ville, il prit pour les études philosophiques un goût prononcé; il vivait au milieu des livres, et passait des méditations sacrées aux méditations de la science. Noble vie qui développe ce qu'il y a de plus grand dans l'homme : — l'amour et la pensée.

CHAPITRE II.

M. Affre reçoit la prêtrise.

M. Affre revint à Paris en 1818, et le 16 mai de la même année il fut ordonné prêtre. Il avait alors vingt-cinq ans. Peu après, il se retira au noviciat d'Issy, car il avait le dessein d'entrer dans la congrégation de Saint-Sulpice, et pendant deux ans il professa la théologie à la *Solitude*, nom que l'on donne au noviciat de cette pieuse société; mais sa santé, faible sous une apparence robuste, ne lui permit pas de persévérer dans cette vocation, et s'étant rencontré à Issy avec Mgr. Soyer, évêque de Luçon, ce dernier conçut une grande estime pour les qualités attachantes et remarquables du jeune prêtre, et lui offrit des lettres de vicaire-général. M. Affre se voyant forcé, par l'état précaire de sa santé, à quitter la communauté qu'il s'était choisie, accepta cette proposition, et, de 1820 à 1822, il prit part au gouvernement du diocèse de Luçon.

En 1822, Mgr. de Chabons, évêque d'Amiens, l'appela près de lui en qualité de grand-vicaire. Ce prélat, accablé d'infirmités, ne pouvait plus supporter les travaux de sa charge, et M. Affre gouverna presque seul, de concert avec M. l'abbé Crémery, ce vaste diocèse, durant une période de onze années. Il y rétablit les retraites pastorales, les synodes, les conférences ecclésiastiques ; il y fonda une caisse de secours pour les prêtres pauvres et infirmes ; il visita les églises diocésaines, si négligées, si abandonnées pendant trente ans ; il en fit réparer un grand nombre ; il obtint la restitution pour les fabriques d'une multitude de legs et de dons pieux ; il se fit distinguer par la sévérité de ses mœurs, son énergie pour conserver intactes les lois disciplinaires de l'Eglise, son attention à discerner les qualités de chaque prêtre et à lui confier le poste où il devait travailler avec le plus de fruit à la vigne du

Seigneur. Tout ce diocèse rendit témoignage du zèle ardent, charitable, éclairé tout à la fois, que M. Affre portait toujours dans l'accomplissement d'un devoir. Ajoutons qu'un grand nombre des instructions émanées de l'autorité épiscopale sont sorties de sa plume, et qu'il préludait aux ouvrages qui l'ont fait connaître comme écrivain, par son *Manuel des Instituteurs*, livre rempli des conseils les plus sages et les plus pratiques, et par son *Traité de l'administration temporelle des paroisses*, ouvrage qu'il ne nous appartient pas de juger, mais que les hommes éclairés en ces matières placent au rang des meilleurs livres écrits sur une question si ardue et dont ils se plaisent à vanter l'érudition, la méthode et l'argumentation nerveuse, mise au service de la justice et de la vérité.

Le mérite de M. Affre, et comme administrateur et comme écrivain, attira sur lui l'attention du pouvoir. Des emplois au conseil d'Etat et au ministère des cultes lui furent successivement offerts, mais il persista à les refuser; il redoutait les emplois publics, sans craindre cependant la publicité pour ses opinions et ses sentiments, car il rédigea au nom de son évêque la première protestation contre les ordonnances de 1828, protestation qui fut suivie d'une réclamation collective de tout le clergé de France, et qui présage l'invincible fermeté dont M. Affre devait faire preuve sous un pouvoir nouveau.

M. Affre occupait toujours le poste de grand-vicaire du diocèse d'Amiens, et la révolution de juillet le surprit dans ces fonctions. Aux tracasseries, aux mauvais vouloirs de l'administration d'alors, il opposa une force patiente et digne, de justes réclamations et une sincère volonté de prévenir et d'apaiser toute discussion. Ces sentiments se trouvent dans le discours qu'il adressa à Louis-Philippe, lors du passage de ce prince à Amiens, en 1831. Il lui disait :

« Le clergé de ce diocèse ne vous exprimera qu'un seul désir, celui de remplir avec une sainte liberté un ministère, qui n'est pas sans influence sur le bonheur de cette contrée. Faire respecter les mœurs, inspirer la modération des désirs, calmer les haines privées, c'est semer sur le sol de notre belle patrie des germes précieux de prospérité, et donner à la paix publique les garanties les plus fermes et les plus certaines. Telle est notre mission, et, nous le savons, c'est aussi le seul dévouement que la haute équité de votre Majesté réclame de nous. »

Ce discours retentit par toute la France, et peut-être ne demeura-t-il pas sans influence sur un pouvoir qui avait laissé saccager Saint-Germain l'Auxerrois et piller le palais archiépiscopal.

CHAPITRE III.

Ecrits de M. Affre.

Nous jetterons un rapide coup-d'œil sur les différents travaux littéraires qui signalent M. Affre comme penseur et comme écrivain; nous les réunirons ici, afin de ne pas interrompre le récit des divers évènements, qui ont couronné cette vie, si heureusement commencée. Il prit une part active aux labeurs de la presse religieuse [1], tantôt examinant le *Cours d'histoire moderne* de M. Guizot, tantôt recommandant à l'attention publique l'*Economie politique chrétienne* de M. Alban de Villeneuve de Bargemont, tantôt discutant les découvertes de Champollion et défendant le vénérable récit mosaïque contre

[1] Dans *l'Ami de la religion.*

l'abus qu'on prétendait faire de l'incertaine connaissance des hiéroglyphes égyptiens. Des travaux de plus longue haleine vinrent prendre place à côté des fonctions du saint ministère et des labeurs administratifs. M. Affre écrivit en 1829 un *Traité de la suprématie temporelle du Pape et de l'Eglise;* ému de l'injuste appropriation par l'Etat du terrain de l'archevêché, il publia, en 1837, le *Traité de la propriété des biens ecclésiastiques,* ouvrage dont l'érudition et la verve chaleureuse eurent un grand retentissement. Plus tard, ses *Mandements,* ses *Lettres pastorales* offrirent, à côté du caractère éminemment religieux dont ils étaient empreints, un cachet littéraire, élégant et sérieux à la fois, qui en font des œuvres durables. Quelques écrits politiques, suscités par les circonstances, sortirent aussi de sa plume; nous citerons surtout ses *observations* et son *Mémoire au roi,* en faveur de la liberté de l'enseignement, où se retrace encore toute cette âme qui ne vivait que de justice et de loyauté. Ces mêmes disputes lui donnèrent l'idée d'un nouvel ouvrage, destiné à initier la jeunesse studieuse à la connaissance et à l'amour des dogmes révélés. *L'Introduction philosophique à l'étude du christianisme* parut et fut répandu à plusieurs milliers d'exemplaires. On voit par cette courte nomenclature que M. Affre n'était resté indifférent à aucune des questions qui agitent notre époque, et il avait porté dans ses investigations la droiture de ses vues, l'étendue de ses connaissances et l'amour du bien qui régnait souverainement dans son cœur.

CHAPITRE IV.

M. Affre, vicaire-général de Paris.

En 1834, M. Affre venait à Paris pour y surveiller l'impression de l'un de ses ouvrages, lorsque Mgr. de Quélen, juste appréciateur du mérite et l'une des grandes gloires de l'épiscopat français, lui offrit un titre de chanoine avec des lettres de vicaire-général. M. Affre honorait les hautes et généreuses vertus du prélat, et il se résolut à accepter; bientôt il jouit de la confiance la plus intime de celui qui l'avait choisi pour auxiliaire.

Vers la même époque, l'évêque de Strasbourg, Mgr. Le Pappe de Trévern, sollicitait sa nomination en qualité de coadjuteur, avec future succession; mais l'attachement que M.

Affre avait voué à l'archevêque de Paris fut longtemps, aux yeux de la cour des Tuileries, un obstacle invincible, et ce ne fut qu'en 1839 qu'il reçut ses lettres de coadjuteur, avec le titre d'évêque de Pompéiopolis *in partibus infidelium*. Les instances de M. de Trévern avaient triomphé des résistances de la cour.

Le coadjuteur élu de Strasbourg se préparait à sa nouvelle mission, lorsque Dieu rappela à lui le vénérable archevêque de Paris. Mgr. de Quélen mourut le 31 décembre 1839, au milieu des larmes de son clergé, des regrets des pauvres, du deuil universel des fidèles et honoré, dans son cercueil, par la tardive justice de ceux qui s'étaient faits ses ennemis.

Le chapitre métropolitain choisit M. Affre pour premier vicaire capitulaire, et en cette qualité, le 1.ᵉʳ mai 1840, il fut chargé de porter la parole devant Louis-Philippe. Son discours renfermait l'expression d'un profond désir de concorde et de paix; mais malgré les honneurs dont il était revêtu, son humilité était loin de prétendre à l'épiscopat, et lorsqu'il apprit que le gouvernement l'avait proposé à Rome, il fut saisi d'un vif sentiment de surprise et de crainte. Nommé par le Saint-Père, il dut accepter, il accepta ce trône qui, pour lui, fut un autel de sacrifice et d'immolation.

CHAPITRE V.

Quelques mots sur M. de Quélen.

M. Affre succédait, sur le siége archiépiscopal de Paris, à un prélat qui semblait lui
tendre du haut des cieux la couronne d'épines
et la coupe d'amertume. La vie pastorale de
M. de Quélen avait été cruellement éprouvée;
objet de calomnies insensées, en butte à une
fureur aveugle, il avait vu sa maison saccagée
par ce peuple que tant de fois il avait nourri,
et, peine plus déchirante pour son cœur, il
avait entendu le marteau des sacriléges dé-
molisseurs frapper et la Croix et l'autel de
Saint-Germain l'Auxerrois. On renouvelait autour de lui les outrages les plus sanglants et
les scènes les plus sombres d'une fatale époque,

mais aucun danger ne parut plus grand que son courage, aucune injure ne dépassa sa mansuétude et sa charité. Dieu fournit bientôt à ce grand cœur de dignes occasions de vengeance : le choléra éclata dans Paris, et ce fut en visitant les hôpitaux, ce fut en bénissant les malades, ce fut en absolvant les moribonds, que le pasteur persécuté parut reconnaître et discerner ses ennemis. On put les deviner à l'ardeur plus grande de sa charité.

L'un d'eux, n'y pouvant plus tenir, dit à l'archevêque qui, penché sur ce lit d'agonie, voulait l'embrasser et l'absoudre : « Retirez-vous de moi, car je suis un des pillards de l'archevêché ! — C'est une raison de plus, répondit le prélat avec effusion, pour que je vous pardonne et vous bénisse ! » Non content de ces témoignages particuliers d'indulgence et d'oubli, l'archevêque de Paris, sans biens, sans asile, ouvrit aux *orphelins du choléra* des bras paternels ; il trouva pour eux les ressources qui lui manquaient pour lui-même ; il usa de tout son crédit, il ne craignit pas de descendre aux sollicitations les plus vives pour pourvoir aux besoins des enfants que Dieu venait de lui confier. Ce fut ainsi qu'il paya sa dette de pardon à la ville de Paris. Son successeur, en montant sur le trône archiépiscopal, y trouva le souvenir récent de la plus noble charité; il y trouva de plus de grandes difficultés, des complications ardues, une sourde lutte du pouvoir contre l'Eglise, un profond ébranlement dans la société, le découragement chez les uns, le vertige chez les autres, tout ce qui ferait enfin reculer l'homme faible; mais ce qui répand une nouvelle vigueur dans l'âme des généreux athlètes qui ont placé en Dieu seul leur force et leur appui.

CHAPIERE VI.

M. Affre, archevêque de Paris.

M. Affre fut sacré le 6 août 1840, jour de
la Transfiguration de Notre-Seigneur, par son
Eminence le cardinal d'Arras, alors suffragant
de Paris, qu'assistaient NN. SS. les évêques
de Versailles et de Meaux. Huit autres prélats
se trouvaient présents à la cérémonie. Le premier mandement de Mgr. Affre apporta une
grande consolation aux âmes croyantes ; il
saluait avec amour ce troupeau dont le divin
Pasteur lui confiait la garde; il donnait aux
œuvres de charité, si diverses et si ingénieu-
ses, des encouragements paternels, il n'ou-
bliait ni les Frères de la Doctrine chrétienne,
ces fidèles instituteurs du peuple, ni la jeune

Société de Saint-Vincent de Paul, grain de sénevé, dont les jets vigoureux devaient bientôt abriter tant de misères à leur ombre ; mais au milieu des élans d'un cœur qui s'ouvrait tout à sa nouvelle famille, à ses nouveaux devoirs, au milieu de ces félicitations, de ces promesses d'avenir, il semble qu'un coin du voile de la destinée se lève et qu'un esprit prophétique ait dicté ces mots : *La paix soit avec vous... Nous ne venons ni gouverner ni troubler la cité, mais offrir une victime.* (Mandement à l'occasion de la prise de possession du siége de Paris, 6 août 1840.) L'évènement en marche avait jeté son ombre dans l'esprit du prélat et peut-être, en écrivant ces mots remarquables, son cœur avait-il eu la noble vision d'une mort prochaine et d'une gloire éternelle.

L'épiscopat de Mgr. Affre ne fut pas signalé par des faits marquants ; le travail remplissait ses jours, la charité était le souci de son cœur, et ses mandements, ses instructions portent l'empreinte de ce grand amour des pauvres, de cette constante préoccupation de leurs malheurs. Mais il est d'autres besoins encore, il est des nécessités morales qui crient plus haut que les misères matérielles : *l'homme ne vit pas seulement de pain*; il lui faut encore la manne céleste de l'instruction et de la parole divine. Il marche dans l'ombre, il lui faut une lumière; il est fatigué, il lui faut un abri; il est épuisé, il lui faut une substance vivifiante. Et qui, si ce n'est les ministres du Seigneur, peut donner à l'âme humaine les secours que réclame son inexprimable indigence ? Aussi, le premier soin des évêques dignes de ce nom, le premier soin de ceux qui paissent les brebis si chères à Jésus-Christ, fut, en tout temps, de se former parmi la jeunesse studieuse et chrétienne, de saints et savants auxiliaires, qui puissent devenir, auprès du peuple, les ambassadeurs et les interprètes du Roi des cieux. Mgr. Affre ne faillit pas à ce devoir, mais entre toutes les institutions où les jeunes lévites peuvent puiser à la fois sainteté et science, la maison des Carmes attira surtout ses prédilections paternelles. A cette maison se rat-tachent les terribles souvenirs de 92; elle avait été consacrée par le sang des martyrs immolés sous ses voûtes; des évêques, des prêtres en grand nombre, y avaient confessé la foi de Jésus-Christ, sous la hache des septembriseurs; c'en était assez pour la rendre chère à tous les chrétiens, et le pape Pie VII même, en venant à Paris en 1804, avait conçu la pieuse pensée d'offrir le saint Sacrifice dans cette maison, illustrée par de si saintes victimes. Différents obstacles s'opposèrent à ce projet. Mgr. Affre non-seulement conserva à la religion ces murailles bénies, mais encore les peupla d'une génération de jeunes prêtres, espoir du sacerdoce, qui viennent s'abreuver là aux sources les plus pures du savoir et de l'éloquence, et il réunit, dans la même enceinte, les ecclésiastiques âgés, infirmes, dont la position mérite tant de respects et tant de soins. On comprend combien cette œuvre, qui enlaçait le passé et l'avenir, devait avoir d'attraits pour un cœur généreux.

Mgr. Affre, qui se plaisait toujours à rapprocher la religion des petits et des pauvres, accorda une distinction particulière à *la Société de Saint-François Régis,* cette grande et populaire institution, à qui tant de familles sont redevables de leur réconciliation devant Dieu et devant les hommes, qui a purifié, sanctifié tant de liens illégitimes et donné à tant d'enfants un père, un état et un nom.

Grâce à la persévérance et à la constante tutelle de l'archevêque de Paris, la *Société de Saint-François Xavier*, qui réunit des milliers d'ouvriers par un nœud de fraternité et de secours mutuels, cette société si utile, si nécessaire en notre âge, triompha de longues et sérieuses difficultés.

Il encouragea également l'*Œuvre de la Sainte-Famille*, en faveur des ménages abandonnés. Non content d'aider aux créations de la charité par le zèle, l'approbation, la recommandation chaleureuse, il contribuait de ses propres ressources, jusqu'aux extrêmes limites de sa fortune, ou pour parler plus juste de sa noble pauvreté. Les désastres publics, l'inondation des rives de la Loire, le tremblement de terre de la Pointe-à-Pitre, ont montré combien toutes les infortunes émouvaient profondément son cœur. Mais est-il besoin d'insister sur la charité de celui qui a donné tout son sang, en dernier témoignage de l'amour qu'il portait à ses frères ?

Nous ne pouvons parler ici de l'administration diocésaine : développement des études ecclésiastiques, sollicitude éclairée pour les antiques monuments renfermés dans les églises; soin des archives, création d'une statistique des fondations, des inscriptions, des épitaphes, des objets d'art ou d'histoire que pouvait renfermer chaque paroisse; organisation de cinq paroisses nouvelles [1] et continuation de la grande œuvre des Conférences de Notre-Dame, où tour-à-tour le P. de Ravignan et le P. Lacordaire attiraient aux pieds de la chaire sacrée ce que Paris compte d'hommes éminents; tout, dans cette administration éclairée et sage, retraçait la conduite du vicaire général d'Amiens, qui s'était concilié une si universelle estime.

Nous avons parlé déjà, à propos des écrits de Mgr. Affre, de la juste résistance qu'il opposa aux abus du pouvoir. La liberté de l'enseignement trouva en lui un de ses plus zélés champions. Placé sur la brèche, dans la ville même où s'agitaient ces questions brûlantes,

---

[1] Ce sont les églises de Ménil-Montant, la Gare, la Maison-Blanche, Petit-Montrouge et Plaisance,

en relations nécessaires avec le gouvernement,
avec l'Université, il donna à l'épiscopat français la consolation et l'exemple d'une opposi-
tion ferme et loyale, et de la plus inébranlable
constance dans ses opinions. Toujours tranquille, toujours égal à lui-même, résistant à
une cour, ou mourant sur les barricades, il
croyait, en embrassant l'abnégation des plus
hautes vertus, n'accomplir qu'un simple devoir, et il s'étonnait même qu'on pût l'admi-
rer et l'applaudir !

CHAPITRE VII.

Vie intime de Mgr. Affre.

On a pu le remarquer dans ce court récit :
le caractère de Mgr. Affre unissait à un degré
remarquable la fermeté et la simplicité ; la
fermeté qui fait que jamais on ne recule devant un travail, un souci, un devoir, un
danger ; la simplicité qui fait faire humblement
les actions les plus grandes. La ligne droite
était la voie naturelle de cet esprit ; et lorsqu'il avait accepté une position, adopté une
opinion, embrassé quelque bien à faire, il
allait jusqu'au bout et accomplissait facile-
ment, naïvement les démarches, quelque graves qu'elles fussent, que la rectitude de son
cœur lui montrait nécessaires. Là est le secret

de sa vie et de sa mort. Du reste, facile, abordable à tous, il aimait à se communiquer; il avait en horreur le faste, les grandeurs qui auraient pu éloigner de lui les pauvres et les ouvriers, et se plaisait à franchir lui-même la distance qui le séparait des classes laborieuses.

Les jours de confirmation, au fond de quelque campagne éloignée, étaient ses beaux jours; il chérissait le peuple, et certainement il ne se trompait pas, lorsqu'il pensait que sa voix aurait pu exercer quelque empire sur ces masses égarées. On cite de lui des traits touchants de bonté. Un jour entr'autres il arrivait dans une église pour donner le sacrement de confirmation; en même temps, une famille présentait un enfant au baptême. A la vue de l'archevêque, le curé annonce que le baptême ne pourra avoir lieu qu'après la cérémonie. Monseigneur entrait; il s'aperçoit que ce retard paraît indisposer vivement le parrain : « M. le curé, dit-il en élevant la voix, conduisez-nous aux fonts, nous allons d'abord commencer par baptiser cet enfant. » Le baptême se fait avec la pompe épiscopale; qu'on juge de la surprise et de la joie des **parents**. La marraine surtout ne pouvait contenir son émotion, elle pleurait à chaudes larmes et se jeta aux genoux de l'archevêque. Toute cette famille était gagnée par l'arme humble et puissante de la bonté.

Empruntons, pour le mieux peindre, la parole d'un homme qui l'avait connu, apprécié, aimé.

« Ses dehors étaient sérieux, presqu'austères, comme de tout ce qui est solide, profond et recueilli ; mais il y a des mines d'or sous les rochers, des sources d'eau vive dans le flanc des montagnes ; on trouvait sous cette enveloppe tous les trésors de l'âme, la piété pour Dieu, la vertu, la modération et une part de tendresse plus douce qu'on n'aurait pu l'imaginer. Qui fut jamais sincère comme lui ? On pourrait dire de sa loyauté ce qu'on a dit de la clémence de César, qu'il fut vrai *jusqu'à s'en repentir*. Avec un peu moins de franchise, il aurait pu tourner bien des obstacles, mais il parlait selon le précepte du Christ, *est, est, non, non;* et cela était aussi sûr qu'un serment. Le commandement dans sa bouche fut

toujours l'expression de la règle, ni plus sévère, ni plus relâché qu'elle ; mais il se tem-
pérait par une paternelle indulgence ; il se jus-
tifiait par le droit même, dont il fut constam-
ment l'expression [1]..... »

Ajoutons, d'après le témoignage de son médecin et de son ami, M. le docteur Cayol, qu'il
attachait du prix à la santé, à la vie, et qu'il
chercha la mort, non avec le facile et dédai-
gneux courage du stoïcien, mais avec l'abnégation plus haute du disciple de Jésus-Christ,
qui boit le calice, dont il a cependant connu
et redouté l'amertume.

[1] M. l'abbé Cœur, Oraison funèbre de Mgr. Affre.

CHAPITRE VIII.

Révolution de février 1848.

Les temps marqués par la Providence étaient arrivés; un trône appuyé sur dix-huit ans de paix, consolidé par les plus secrets ressorts de la prudence et de la politique humaines, venait de s'écrouler sous les pavés arrachés aux rues de Paris; il venait d'être traîné dans la fange par quelques hommes obscurs, dont l'histoire même n'a pas recueilli les noms. Toute une dynastie de princes avait fui, et un ordre nouveau venait de surgir de ce sol bouleversé. L'Eglise, élevée au-dessus des évènements de ce monde et qui ne demande aux conquérants, aux victorieux qu'une tranquille paix, une humble liberté, l'Eglise avait accepté les nouveaux principes et le pouvoir auquel ils avaient donné naissance. Les cris de *liberté*, *fraternité*, *égalité*, ne pouvaient étonner l'Epouse du Christ, la dépositaire de l'Evangile; car ces dogmes, nouveaux pour les hommes politiques, pour le peuple qu'ils entrainaient à leur suite, dataient pour elle de la montagne du Golgotha. Aussi, elle les accepta entièrement, sincèrement, et cinq mois plus tard, elle les scella du sang le plus pur et le plus généreux.

Les barricades de février étaient encore debout, que l'archevêque de Paris réclamait des prières publiques pour les morts et des secours pour les blessés [1]. Cette pieuse initiative lui attira les bénédictions universelles; et lorsque, quelques jours après, il parcourut les hôpitaux, on vit les combattants se soulever de leur lit de douleur pour baiser les mains paternelles de leur pontife et de leur pasteur [2].

Tant de témoignages d'une affection pater-

[1] Mandement du 24 février 1848.

[2] Nous avons emprunté beaucoup de détails sur Mgr. Affre à l'excellente *Esquisse biographique*, par M. Henry de Riancey.

nelle augmentaient encore la confiance du peuple de Paris, et l'on vit un jour les nouveaux enrôlés de la garde nationale mobile se présenter à l'archevêché, en priant Mgr. Affre de vouloir bien bénir leur drapeau. Il accéda à leur demande, et cinq mois après il tombait, mortellement frappé, au milieu des courageux enfants, dont il avait sanctifié les armes.

Chaque jour resserrait ainsi les liens qui unissaient la patrie à la religion; 1830 et 1848 semblaient séparés par un siècle; le peuple, semblable à ces fiers sicambres, dont il est descendu, adorait ce qu'il avait brûlé, brûlait ce qu'il avait adoré; le clergé recevait le prix de ses souffrances et de ses sacrifices, de sa patience et de ses aumônes, de ses travaux apostoliques et de son évangélique charité; tout fructifiait, et les ministres du Seigneur voyaient, dans la joie de leur âme, l'accroissement du règne de Celui qu'ils avaient tant de fois annoncé. La croix n'était plus, comme en des jours néfastes, renversée du sommet des temples; le Christ n'était plus frappé, mutilé par des mains sacriléges; encore un coup, 1830 était loin, et 1848 a vu l'image du Rédempteur du monde, sauvée des ruines du palais et reportée sur l'autel, asile désormais inviolable, au milieu des acclamations enthousiastes du peuple victorieux.

L'habit du prêtre, autrefois craintivement dérobé aux regards, se montrait désormais avec une modeste fierté et circulait au milieu des groupes, honoré de tous, comme un symbole de fraternelle charité. La religion s'associait à la vie du peuple; depuis dix-huit siècles, elle a toujours épousé ses douleurs! Elle avait des prières pour les morts, des secours pour les blessés, une parole de paix pour désarmer sa fougue, une parole d'espérance pour consoler ses malheurs; mais il fallait plus encore, il fallait une victime pour consacrer cette alliance; il fallait que les efforts, les travaux, l'apostolat du clergé français fussent couronnés par un sacrifice de réconciliation, qui unit à jamais les destins de la patrie à ceux de la religion.

Maintenant la France sait ce qu'elle peut attendre de ses prêtres; longtemps et lâchement calomniés; ils n'avaient opposé à leurs détracteurs que le silence, le pardon, la prière, les bonnes œuvres ; ils viennent d'ajouter à cette muette réponse l'éloquence suprême de la mort et du martyre. Ils ont dit à la France : « Voilà comme nous t'aimons ! » et, on peut l'espérer, la France les a compris !

CHAPITRE IX.

Insurrection de juin.

L'INSURRECTION de février, si vite changée en triomphe, avait eu de longs retentissements. Le sol avait tremblé au 16 avril, au 15 mai, et la société était sans cesse tenue en échec, beaucoup moins par le vrai peuple laborieux et travailleur, que par une poignée de *zingares*, vivant tantôt de la plume et tantôt du fusil, et attendant que le scandale ou l'émeute leur apportât le pain et le spectacle du jour. Ces hommes ralliaient autour d'eux les masses ignorantes, que désespéraient la faim et que stimulaient de décevantes espérances. Paris, comme ces villes de la campagne de Naples, sentait la flamme du volcan devenir de plus en plus ardente; et quand l'incendie éclata, le 23 juin, chacun comprit que c'était, non pas une émeute, mais une guerre, et que les barricades voyaient en présence, non pas deux partis au drapeau différent, mais deux principes, deux sociétés.

Redirons-nous ici les horreurs de cette lutte affreuse? Rappellerons-nous ce courage héroïque inspiré pour la cause sacrée de l'ordre et de la famille, et ne regretterons-nous pas cette fermeté indomptable de l'anarchie qui, dans une meilleure cause, eût mérité un plus noble nom? Pendant quatre jours entiers, Paris ne fut qu'un vaste champ de bataille, où neuf cents barricades furent l'objet d'autant de combats, où le sang des plus braves généraux coula sous le fer ou le plomb de quelque obscur assassin, où chaque rue cachait un piége, où chaque maison pouvait devenir un fort, et où la société, presque désespérée, luttait pied à pied contre les enfants ingrats et rebelles qui voulaient l'anéantir.

Parmi ceux qui assistaient à ces luttes fatales, aucun ne pouvait ressentir les émotions qui navraient l'âme de l'archevêque de Paris. Pour les chefs du gouvernement, généraux, magistrats, les rebelles n'étaient que des ennemis dangereux; pour lui, tous les combattants étaient également des fils bien-aimés. L'Eglise les lui avait tous donnés, au jour où répandant l'huile sainte sur son front, elle le consacra Père et Pasteur de ce troupeau. Tournant les yeux vers les deux camps, il voyait dans l'un les hommes que rapprochait de lui la sympathie des opinions, des lumières, le même amour de l'ordre et du bien public; il voyait dans l'autre les malheureux que tant de fois il avait plaints et secourus, et qui se précipitaient, les yeux fermés, dans un abîme de crimes et de douleurs. Un parti réclamait tous ses vœux et toutes ses sympathies; l'autre, toute sa pitié, et tous deux, s'égorgeant à ses yeux, semblaient invoquer hautement son secours. Pendant deux jours, il pria le Dieu de paix de mettre un terme à ces luttes fratricides; mais au troisième jour, le dimanche 25, après avoir offert le saint sacrifice, après avoir puisé, sans doute, dans le Cœur de l'éternelle Victime, à laquelle il venait de s'unir, en esprit de dévouement et d'immolation, Mgr. Affre prit la résolution d'aller se jeter entre les combattants, de se rendre jusqu'auprès des insurgés , afin de les conjurer de déposer leurs armes.

Cette résolution avait été mûrie au pied des autels , elle n'était point l'effet d'un enthousiasme passager ou d'une ignorance du péril ; l'archevêque de Paris savait que les rebelles n'avaient jusqu'alors rien épargné ; il savait que le général Bréa et son aide-de-camp venaient de tomber victimes de la plus odieuse barbarie ; il savait que toute médiation avait été accueillie jusque-là par la captivité et par la mort ; tous les dangers étaient présents à ses yeux, mais il persistait avec un simple courage, en répétant à ceux qui l'entouraient : *Ma vie est bien peu de chose !*

Il fallait, pour arriver aux barricades, traverser les rangs de la garde nationale et de l'armée. Mgr. Affre pensa que le chef du pouvoir exécutif ne refuserait pas de lui faciliter ce passage, et accompagné de deux de ses vicaires généraux [1] , les seuls que l'émeute ne tînt pas éloignés forcément de lui, il se rendit à pied auprès du général Cavaignac.

[1] MM. Jacquemet et Ravinet.

# CHAPITRE X.

Mgr. Affre aux barricades.

« LE passage de l'archevêque de Paris, à travers les rues et les quais de la grande ville, devenue méconnaissable et transformée en une sorte de camp militaire, fut marqué par mille bénédictions, par mille scènes de touchant attendrissement. Cette population devinait sa pensée et comprenait avec cet instinct admirable qui la caractérise, qu'avec lui passait un gage de paix, un symbole d'espérance. Les mères osaient franchir le seuil de leurs demeures pour se jeter à ses pieds avec leurs enfants. Sans avertissements préalables, les tambours battaient aux champs, les officiers et les soldats rendaient les honneurs militaires, et de bien des rangs partaient ces cris : Vive la Religion ! vive la République ! vive l'Archevêque !

» Le général Cavaignac ne se borna pas à donner son assentiment au désir de l'archevêque, il bénit sa pensée et exprima avec attendrissement l'espérance que cette belle et religieuse démarche serait couronnée de succès [1].»

La chaleur était accablante, le trajet à pied de l'île Saint-Louis à l'Assemblée avait été long et pénible. Mgr. Affre revint pour quelques instants à l'archevêché, afin d'y prendre un léger repas et de changer de vêtements. Souffrant depuis plusieurs mois, il était brisé de fatigue, mais son cœur dût être consolé par l'accueil du peuple de Paris. Partout, sur sa route, les troupes présentaient les armes, les gardes nationaux, les soldats se mettaient à genoux et demandaient la bénédiction, et ce fut au milieu de ces manifestations unanimes, qu'il traversa les rangs de la garde mobile, de la ligne, de la garde nationale et de la garde républicaine. En passant auprès de l'Hôtel-Dieu, il dit à ses

[1] Nous suivons, pour ce récit, la brochure publiée sur le même sujet, avec approbation de MM. les vicaires généraux capitulaires.

vicaires généraux : « Nous reviendrons demain visiter nos pauvres blessés. » Le lendemain, il devait être au nombre de ceux qui mouraient pour la France.

Après une halte de peu d'instants au palais archiépiscopal, il repartit pour le quartier de la Bastille. « Dans toutes les rues qu'il avait à traverser et qui venaient d'avoir tant à souffrir, les marques de vénération et de reconnaissance s'augmentaient de tout ce que venait y ajouter l'horreur de la situation, le péril encore si menaçant, le bruit de la fusillade et du canon qui tonnait encore à nos oreilles. De jeunes officiers, des gardes mobiles, ces héroïques enfants qui revenaient à l'instant du combat, tout noirs de poudre, couraient à nous, et lui prenaient les mains ; plusieurs, en rappelant que c'était *lui* qui les avait confirmés, et en le conjurant de ne pas s'exposer davantage. D'autres lui disaient : Bénissez nos fusils, nous serons invincibles !

» Des femmes lui apportaient avec une naïve simplicité du linge et de la charpie, lui demandant que puisqu'il allait au milieu des blessés et des mourants, il voulût bien s'en charger. Sans doute, leur répondait-il, je vais voir en passant, dans les ambulances, nos pauvres blessés, mais je me hâte d'arriver aux barricades pour essayer de faire cesser le feu et empêcher qu'il n'y ait de nouvelles victimes [1].»

A mesure qu'il approchait du lieu du combat, les officiers, émus jusqu'aux larmes, conjuraient l'archevêque de ne pas poursuivre une tentative si périlleuse et probablement si inutile. Ils citaient les catastrophes les plus récentes, la mort du général Négrier, celle du général Bréa, massacré avec son aide-de-camp, quoiqu'il se fût présenté en parlementaire, et tant d'autres noms et tant d'autres malheurs. Mais le prélat demeurait ferme dans une résolution, que l'approche la plus imminente du danger ne pouvait ébranler. « Ma vie, disait-il, est bien peu de chose, et je ne puis renoncer à l'espoir de ramener à de meilleurs sentiments ce malheureux peuple qu'on a trompé. »

Il avançait toujours, visitant en passant les ambulances, bénissant et absolvant avec ses grands vicaires les moribonds, et disant une bonne parole à chaque blessé. Une énorme bar-

[1] Récit des circonstances qui ont précédé et accompagné la mort de Mgr. l'archevêque de Paris, *br.* in-8°.

ricade fermait l'entrée du faubourg St.-Antoine.
C'est là que l'archevêque s'arrêta. Arrivé auprès
de l'officier supérieur qui commandait l'attaque,
il lui fit connaître son dessein et l'assentiment
que le général Cavaignac y avait donné, et le
supplia de suspendre un moment la fusillade.
« Je m'avancerai seul avec mes prêtres, ajou-
ta-t-il, vers ce peuple qu'on a trompé. J'espère
qu'ils reconnaîtront ma soutane violette et la
croix que je porte sur ma poitrine. »

Le général commandant céda à ces généreuses
instances et donna l'ordre de suspendre le feu
sur toute la ligne. En attendant que cet ordre
fût exécuté, l'archevêque visita et consola les
blessés dans la rue et dans une ambulance voi-
sine [1]. Des gardes nationaux s'empressaient
autour de lui; plusieurs d'entre eux, revêtent
une blouse d'ouvrier, et courant vers les barricades, un mouchoir blanc à la main, essaient
de faire cesser les hostilités de ce côté. Un
jeune homme prit un grand rameau vert, dérobé à un arbre des boulevards, et le porta devant l'archevêque, en signe de paix et de réconciliation.

[1] Relation de M. le docteur Cayol.

Les gardes nationaux voulaient suivre ce petit cortége, mais le prélat ne le permit point ; cependant quelques-uns trompèrent sa vigilance et s'attachèrent à ses pas.

La barricade avait cessé son feu ; les insurgés montraient d'assez bonnes dispositions ; cependant çà et là retentissaient de sinistres paroles : « Il nous faut, disaient quelques furieux, encore trois jours de combat.... Que vient faire ici votre archevêque ?.... il aurait mieux fait de rester chez lui.... » Mais sans s'arrêter à ces menaces, Mgr. Affre, suivi de ses grands-vicaires, traverse la place de la Bastille, se dirige vers l'entrée du faubourg St.-Antoine, et se trouve au milieu des insurgés descendus sur la place, auxquels se mêlent quelques soldats empressés sans doute de fraterniser. Soudain, diverses collisions éclatent, un coup de feu retentit, le cri : *Aux armes ! à nos barricades !* se fait entendre et la fusillade recommence avec une énergie terrible. L'archevêque avait tourné la barricade, il était entré dans le faubourg par le passage d'une maison à double issue ; il semblait accueilli avec des témoignages de respect et de satisfaction, il élevait la voix pour faire entendre ces mots : *Mes amis! mes amis !* il étendait la main vers les insurgés, lorsque au milieu du feu croisé de la ligne et de la barricade, une balle l'atteignit dans les reins.... Il fléchit, et s'affaissa sur le trottoir, en disant au jeune Théodore Albert, qui portait le rameau : — *Mon ami, je suis blessé.* Les rebelles s'empressent autour de lui, avec des exclamations de colère et de douleur : — Ce n'est pas nous, s'écrient-ils, qui vous avons blessé, mais nous vous vengerons ! — *Non, non, mes amis,* disait l'archevêque, *ne me vengez pas, je ne veux pas être vengé; il y a assez de sang répandu, je désire que le mien soit le dernier.*

On improvise un brancard avec des fusils, et on transporte péniblement le blessé dans une boutique de marchand de meubles [1], n° 26 du faubourg, la seule maison qui fût ouverte. Dans ce court trajet, Pierre Sellier, valet-de-chambre de Mgr. Affre, qui l'avait suivi et aidait à le porter, reçut une balle dans la hanche droite.

Après une halte de quelques instants dans la boutique où on l'avait déposé, l'archevêque fut placé sur un matelas et transporté sur les bras

[1] Récit de M. le docteur Cayol.

des insurgés dans la maison du curé de Saint-Antoine, attenante à l'hospice des Quinze-Vingts. Ce fut là que ses grands-vicaires, séparés de lui par le tumulte, parvinrent plus tard à le rejoindre et le trouvèrent entouré de soins aussi affectueux que dévoués, mais malheureusement inutiles.

Tous ceux qui ont eu le bonheur de voir l'archevêque de Paris à l'arsenal, au faubourg Saint-Antoine, ou même sur ce lit d'agonie, attestent que dans ce moment suprême de son existence, ses traits même semblaient transfigurés. Semblable à son divin Maître, allant au-devant du danger, *il avait affermi son visage* [1]; son âme rayonnait sur son front. « Il s'élevait en ce moment auguste, il s'élevait de toute la puissance des plus grandes âmes du christianisme qui semblaient être entrées dans la sienne; vous auriez dit Macchabée quand il s'écriait : *A Dieu ne plaise que je fuie... et si mon heure est venue, mourons avec courage pour le bien de nos frères.* Vous auriez cru voir saint Paul, *qui ne redoute rien, qui ne daigne pas compter avec sa vie, auquel une chose seu-*

[1] S. Luc. chap. IX.

*lement importe, de pouvoir accomplir le mi-
nistère qui lui a été imposé par le Seigneur
Jésus* [1]. Bien plus, vous auriez cru voir en lui
quelque chose de la majesté du Christ, car
Jésus-Christ était en lui, il l'avait pénétré
de son esprit, il l'animait de sa parole. Est-
ce que l'âme du Sauveur n'est pas toute dans
ces mots qu'il avait à la bouche et qu'il portait
gravés au plus profond du cœur : *Le bon pasteur donne sa vie pour ses brebis* [2] ? [3]

[1] Act. xx. 24.   [2] Joan. i. 10.
[3] Oraison funèbre de Mgr. Affre, par M. l'abbé
Cœur.

CHAPITRE XI.

Agonie.

QUOIQUE la balle eût pénétré dans les parties internes et y causât d'horribles ravages, la douleur ne fut pas très-vive dans les premiers moments, et le saint prélat put goûter en paix la joie de son sacrifice. La sérénité siégeait sur son front, la charité animait ses paroles ; il s'inquiétait du fidèle serviteur, frappé à ses côtés ; il envoyait demander des nouvelles des représentants que les insurgés gardaient en otage ; il faisait porter aux combattants de nouvelles exhortations, et s'il faisait un retour sur lui-même, c'était pour demander au ciel que *sa mort fût sainte*. Quand son grand-vicaire vint le rejoindre, il le trouva couché par terre sur un matelas, comme un des pauvres blessés des ambulances; il se jeta aux genoux du prélat, et lui baisant les mains, il redit à son tour ces paroles sacrées, tant de fois répétées dans les heures précédentes : « *Le bon pasteur donne sa vie pour ses brebis !* » L'archevêque lui dit aussitôt : « *Grâces au ciel, vous n'êtes pas blessé ! Je suis heureux de vous avoir auprès de moi, vous et les bons prêtres qui m'environnent. Je ne manquerai pas de secours spirituels.* »

Dès qu'il se trouva seul avec son grand-vicaire, prévenant même le zèle pieux de l'amitié, il lui dit : « *Vous avez un devoir d'ami fidèle à remplir; vous devez m'avertir de ma situation; ma blessure est-elle grave ? — Oui, monseigneur, très-grave; mais nous ne sommes pas sans espoir, nous prierons tant pour vous ! — Il est plus probable que j'en mourrai, n'est-ce pas ? — Oui, monseigneur, il est plus probable que vous en mourrez.* » Il se recueillit, et plein de calme, levant les yeux au ciel : « *Mon Dieu, je vous offre ma vie, acceptez-la en expiation de mes péchés et pour arrêter l'effusion du sang qui coule. Ma vie est bien*

peu de chose, cependant prenez-la. Je mour-
rais content, si je pouvais espérer la fin de
cette horrible guerre civile, si mon sacrifice
terminait tant de malheurs. »

Au sacrifice de la vie devait se joindre, pour le noble prélat, les plus violentes douleurs. Il fallait que l'oblation fût complète, et que Jésus crucifié se retraçât dans son serviteur. A la première torpeur, suite ordinaire d'une blessure dangereuse, avait succédé des douleurs vives et continues, et une paralysie presque complète des membres inférieurs. Mais le mourant supportait ces horribles souffrances avec une résignation héroïque et surtout admirable de simplicité [1]. Il disait à son médecin et son ami, M. Cayol, qui était venu le trouver au milieu de mille dangers : « *Je suis content de vous voir, je vous remercie d'être venu jusqu'ici, mais vous prenez une peine inutile; je vais m'endormir dans l'éternité.* » Il renouvelait sans cesse le sacrifice de sa vie, redisant avec effusion : « *Que mon sang soit le dernier versé !* » Il répétait souvent : « *Mon Dieu, je remets mon âme entre vos mains !*

[1] Récit de M. le docteur Cayol.

je vous ai offensé, je ne vous ai pas assez aimé! Ayez pitié de moi, selon votre grande miséricorde! Les souffrances que vous m'envoyez sont un gage de votre miséricorde, puisqu'elles m'aident à purifier mon âme, à faire pénitence! » Puis, revenant vers ceux pour qui il donnait sa vie, il disait : « *Dites bien aux ouvriers que je les conjure de déposer les armes, de se soumettre aux dépositaires du pouvoir; certainement, le gouvernement ne les abandonnera pas. Si l'on ne peut leur procurer du travail à Paris, on leur en donnera ailleurs; dites-leur, pour leur plus grand bien, qu'ils se décident à partir.* »

On lui faisait remarquer que les hostilités avaient cessé peu après sa démarche, et qu'on était plein d'espérance qu'elles ne recommenceraient pas le lendemain. Cette pensée le rendait heureux.

Au milieu de ce grand dévouement, des suprêmes félicités de ce sacrifice, une crainte se glissait pourtant, et jamais les héros du paganisme, les Codrus et les Curtius n'auraient pu la comprendre. L'archevêque craignait que sa noble action ne fût trop louée par les hommes : « *Après ma mort,* disait-il en soupirant, *on va me donner des éloges que j'ai peu mérités.* » L'humilité chrétienne jetait un voile sur sa gloire et lui faisait redouter même sa future renommée. Oh! que ce dernier trait imprimait bien le sceau du Christ à ce généreux trépas !

Un peu avant minuit, il pria le grand-vicaire d'entendre sa confession et de lui apporter le Viatique. Ses douleurs, devenues plus intenses, l'empêchaient de se préparer suffisamment à la sainte communion, et pour suppléer à ses forces défaillantes, il priait ceux qui l'entouraient de lui parler du saint Sacrement. Il s'unissait aux pensées qui lui étaient suggérées et se recommandait souvent à Marie, qu'il se plaisait à nommer sa Mère. Il répondit avec calme aux prières des derniers sacrements. Après avoir reçu l'Extrême-onction, il renouvela d'une voix ferme la profession de sa foi, et spécialement de sa foi à la présence réelle de Notre-Seigneur Jésus-Christ dans l'adorable Eucharistie qu'on venait de lui apporter. Le prêtre lui ayant dit que Jésus-Christ, qui avait souffert et qui était mort pour le salut du monde, venait le visiter pour être sa force et l'aider à souffrir et à mourir aussi pour son troupeau; il se recueillit, savoura cette pensée, et reçut, avec une sainte émotion, le dernier Pain de l'homme voyageur.

Le reste de la nuit fut accompagné de souffrances cruelles. Des plaintes échappaient au pieux mourant, mais elles étaient suivies de nouveaux élans vers le ciel. « *Mon Dieu! que je souffre!* » *Non est dolor sicut dolor meus!* « *Je vous offre mes souffrances! que votre volonté s'accomplisse et non pas la mienne! Mon Dieu! je vous aime, vous êtes mon Père, le meilleur, le plus tendre des pères!* » Puis revenant encore à son peuple : « *Mon Dieu, si je souffre, je l'ai bien mérité; mais votre peuple, votre pauvre peuple, faites-lui miséricorde!* » Il invoquait fréquemment la très-sainte Vierge, en redisant le *Sub tuum,* le *Souvenez-vous,* ou ces mots : *Sainte Marie, mère de Dieu, priez pour nous, pauvres pécheurs, maintenant et à l'heure de notre mort. Amen.*

Vers le matin, on chercha le moyen de transporter le blessé à l'archevêché. Le maintien des barricades rendait ce projet presqu'impraticable, et les insurgés eux-mêmes, quoique pleins de sollicitude pour leur pasteur, semblaient peu disposés à le laisser partir. « Ne nous enlevez pas, disaient-ils, notre bon archevêque ; il nous portera bonheur ; ne craignez rien pour lui, nous saurons bien le défendre, nous nous ferions tous tuer plutôt que de souffrir qu'on lui fît du mal. »

Quelques-uns semblaient vouloir se faire un otage de l'illustre victime [1], et pendant ces longs pourparlers, l'horloge des Quinze-Vingts avait sonné huit heures ; le sursis, accordé la veille, était expiré et le canon tonnait de nouveau dans l'immense faubourg. La confiance des insurgés paraissait s'ébranler, ils apprenaient que le général Lamoricière, qui s'était rendu maître du faubourg du Temple, arrivait sur leurs derrières, et qu'ils allaient se trouver entre deux feux. Ils demandèrent à parlementer : la canonade cessa et un dernier sursis fut accordé jusqu'à dix heures du matin (lundi 26 juin.).

A dix heures, le combat recommença, plus ardent que le matin ; les éclats d'obus et de

[1] Récit de M. le docteur Cayol.

projectiles pleuvaient dans la rue, dans les cours et jusque sur le toit des maisons; les cheminées s'écroulaient avec fracas, mais cette tempête effroyable fut de courte durée. Au bout d'un quart-d'heure, la ligne et la garde nationale franchirent la barricade, et une compagnie du 42.e de ligne entra, l'arme au bras, dans la cour de la maison du curé de Saint-Antoine. Le capitaine s'informa aussitôt de la situation de Mgr. Affre, et il exprima le désir de le voir. Conduit auprès du prélat, l'officier s'inclina avec un respect filial sur ce lit de douleur, et témoigna sa sympathie dans des termes pleins de sentiment et de convenance. Il ne voulut pas, par égard pour l'illustre blessé, que la maison qui lui avait donné asile fût visitée comme les autres, et il donna contre-ordre à ses soldats. Ces braves gens oubliaient leurs fatigues et leurs dangers pour ne s'occuper que de l'archevêque et demander des détails sur sa blessure.

Pendant que des centaines de bras travaillaient à démolir les énormes barricades, d'autres ouvriers, sous l'inspection des médecins, arrangeaient le brancard qui devait servir à transporter le prélat mourant. Celui de l'hospice était inondé de sang, mais quelques hommes adroits et de bonne volonté, le couvrirent de linges blancs et arrangèrent au-dessus un drap de lit, en guise de tendelet, afin de dérober aux regards du bon pasteur le triste spectacle des cadavres, qui gisaient dans des mares de sang, le long de ces rues, transformées en champ de bataille.

L'archevêque de Paris fut placé sur ce lit funèbre, que portaient six hommes du faubourg et qu'entourait une escorte militaire, formée de soldats du 48.ᵉ de ligne, de voltigeurs et de gardes mobiles, commandés par un officier de chaque arme. Vainqueurs et vaincus étaient confondus dans les mêmes soins et dans le même deuil. M. le grand-vicaire Ravinet, M. le curé de Saint-Antoine n'avaient pas quitté le malade. Il était une heure de l'après-midi.

CHAPITRE XII.

Retour à l'archevêché.

LE funèbre cortége s'avança au travers des rues ensanglantées, dont les maisons labourées par les boulets, dont le sol fouillé et bouleversé portait de toutes parts les marques d'une guerre furieuse. Une longue haie de peuple, pénétré de respect, de douleur, d'admiration, accourut au passage ; partout on se jetait à genoux, on faisait le signe de la croix, comme devant les reliques d'un martyr. Au coin de la place de la Bastille, le religieux silence qui régnait autour de l'archevêque fut troublé tout-à-coup par un bruit effroyable : c'était une maison qui s'écroulait de fond en comble ; elle était criblée de balles, sapée dans les fonde-

6 *

ments comme une maison de Sarragosse ! Le cortége se dirigea vers l'île Saint-Louis, en passant par le boulevard Bourdon, la place de l'Arsenal et la pointe de l'île Louviers. A son approche, la garde nationale et la ligne ouvraient leurs rangs et présentaient les armes. Tous ces mâles visages exprimaient un même sentiment d'admiration et de douleur. Les médecins ne suffisaient pas à répondre aux questions inquiètes de la multitude : « Est-ce que notre archevêque est mort ?... Ah ! Dieu soit loué, il vit encore !... Sa blessure est-elle grave ?... Espérez-vous le sauver ?... »

Entre tous ces morts, entre tous ces blessés si dignes de respect et de reconnaissance, l'archevêque de Paris tenait la première place dans la gratitude et l'affection populaires.

Mgr. Affre, dont les souffrances ne diminuaient pas la présence d'esprit, reconnut, dans la foule qui l'environnait, un jeune garde mobile qu'il avait vu, la veille, s'élancer avec intrépidité à l'assaut d'une barricade. Il le fit approcher, lui donna une petite croix bénite, et lui dit d'une voix mourante : « Garde-la, elle te portera bonheur. » Le jeune soldat la reçut en versant des larmes.

A peu près à moitié chemin de l'archevêché, les voltigeurs qui faisaient partie de l'escorte exprimèrent le désir de porter à leur tour l'illustre victime [1], en disant que comme ils étaient tous de même taille et habitués à marcher du même pas, le transport serait plus doux pour le blessé. Leur officier ayant accédé à ce pieux désir, ils se débarrassèrent de leurs havresacs, puis, alignant avec précaution leurs épaules sous les deux limons du brancard, ils le soulevèrent sans la moindre secousse. Arrivés ainsi à la porte de l'archevêché, ils montèrent par le grand escalier jusque dans la chambre à coucher du prélat; et, après avoir aidé les domestiques à le placer dans son lit, les porteurs se retirèrent. Un moment après, les soldats de l'escorte sollicitèrent la permission de voir encore une fois le mourant et de lui demander sa bénédiction.

Admis dans sa chambre, ils se mirent à genoux auprès du lit : « *Mes amis,* leur dit

[1] Relation de la blessure et de la mort de Mgr. l'archevêque de Paris, par M. le docteur Cayol.

l'archevêque, en tournant vers eux un regard paternel, *je regrette de ne pouvoir vous dire tout ce que je pense, tout ce que je sens au fond du cœur. Vous êtes de braves gens, vous avez bien mérité de votre patrie en triomphant de l'anarchie. Je vous bénis et le bon Dieu vous bénira.* » Ces braves soldats étaient émus jusqu'aux larmes ; quelques-uns sanglottaient, et leur émotion se communiquait aux nombreux témoins de cette scène si pathétique et si édifiante.

CHAPITRE XIII.

Mort de Mgr. Affre.

LES médecins, réunis en consultation, reconnurent que la situation du prélat était sans remède et que la terrible lésion produite par la balle ne laissait aucune chance de prolonger sa vie pendant quelque temps [1]. Pour lui, il était calme comme un voyageur parvenu au but, comme un fidèle serviteur dont la tâche est accomplie, et qui attend la récompense de ses labeurs. Entouré de ses prêtres, de sa famille, de ses amis, il répondait à leurs tendres soins par des expressions affectueuses;

[1] La blessure de Mgr. Affre présentait une double lésion de la moelle épinière et des reins. La balle ne put être extraite qu'après le décès.

il baisait souvent avec piété un crucifix qu'on lui présentait et que le souverain Pontife lui avait envoyé comme un gage de sa tendresse paternelle; il confiait ses dernières volontés à ses amis et leur manifestait le désir qu'un souvenir de reconnaissance fût adressé à M. le curé de Saint-Antoine, pour les soins empressés qu'il avait reçus de lui ¹.

Scrutant les replis de sa conscience, il craignait d'avoir pu contrister quelques personnes, et leur envoyait porter par son secrétaire des excuses et des paroles d'affection. La matinée du mardi se passa ainsi; le malade était acca-

¹ Ce legs touchant a été accompli par MM. les vicaires-généraux, exécuteurs testamentaires. Ils ont offert à M. le curé de Saint-Antoine un Christ en bronze doré, sur le piédestal duquel on lit cette inscription :

DENIS-AUGUSTE AFFRE,

archevêque de Paris,

blessé mortellement à l'entrée du faubourg St.-Antoine,

le 25 juin 1848 ;

transporté au presbytère de Saint-Antoine ;

où il reçoit les derniers Sacrements,

décédé le 27 juin 1848,

à M. Delamarre, curé de Saint-Antoine ;

souvenir de reconnaissance.

blé et une pénible somnolence faisait parfois trève à ses douleurs. Comme le disait autrefois saint Vincent de Paul mourant, le frère précédait la sœur, le sommeil était l'avant-coureur de la mort. Peu à peu la respiration devint gênée, inégale ; les lèvres prirent une teinte bleuâtre, résultat des progrès de la paralysie qui gagnait de proche en proche les organes de la respiration ; vers trois heures et demie, les médecins avertirent les grands-vicaires que la dernière heure du prélat s'avançait ; tout le monde se mit à genoux, et M. Jacquemet récita, d'une voix entrecoupée de sanglots, les prières de l'agonie ; il recommanda cette âme qui allait partir au souverain Juge qu'elle avait tant aimé, à Marie qu'elle avait fidèlement servie, aux saints prêtres, aux saints confesseurs qu'elle avait imités, à saint Denis, l'apôtre des Gaules, dont elle avait suivi et ravivé les traces glorieuses, à tous les anges, à tous les saints protecteurs de la France, que son sacrifice avait comblés de joie..... Le combat mortel de l'archevêque finit avec ses prières : il rendit le dernier soupir à quatre heures et demie du soir, le mardi 27 de juin. Denis-Auguste Affre était le cent vingt-quatrième successeur de saint Denis, et le quinzième archevêque de Paris. Il était âgé de cinquante-quatre ans, huit mois et vingt-huit jours.

Quand le saint prélat fut expiré, un des grands-vicaires rappela aux ecclésiastiques présents quelques-unes des plus touchantes paroles du martyr de la charité, testament immortel qu'il avait gravé dans le cœur de ses prêtres, et tous, étendant la main sur ce corps à peine refroidi, jurèrent de consacrer, à son exemple, leurs forces, leur sang, leur vie, à la gloire de Dieu et au salut de leurs frères. Tel fut le legs de Mgr. Affre à la patrie.

Ainsi finit ce drame sanglant de quatre jours, où Dieu permit, pour l'édification du monde, que l'ardente charité du Pasteur parût au grand jour; ainsi finit cette vie modeste, à qui le Seigneur réservait, dans ses desseins, un si sublime couronnement. L'archevêque de Paris était mort pour son Dieu, pour ses frères, pour sa patrie, et pour la première fois peut-être, on allait réunir sur un cercueil la couronne civique aux palmes du martyre.

CHAPITRE XIV.

Funérailles de Mgr. l'archevêque de Paris.

Dès que le bourdon de Notre-Dame eut annoncé à la grande ville que son premier pasteur n'était plus, tous les citoyens parurent oublier leurs récentes douleurs et les deuils sanglants dont ils étaient navrés, pour ne plus penser qu'à une seule mort, pour ne plus s'occuper que d'une seule pompe funéraire. Le pouvoir exécutif fut l'organe des profonds regrets de la nation; le général Cavaignac écrivait à M. l'abbé Jacquemet :

« J'apprends avec douleur la perte que nous venons de faire dans la personne de notre digne archevêque. Depuis trois mois, le clergé s'était associé à toutes les joies de la république il vient de s'associer à ses douleurs. L'archevêque a la double gloire d'être mort en bon citoyen et en martyr de la religion. Demandez à Dieu que, selon les dernières paroles de son digne ministre, *ce sang soit le dernier versé.* »

L'Assemblée nationale, dans sa séance du 28 juin, adopta à l'unanimité le décret suivant :

« L'Assemblée nationale regarde comme un devoir de proclamer les sentiments de religieuse reconnaissance et de profonde douleur que tous les cœurs ont éprouvés pour la mort saintement héroïque de Mgr. l'archevêque de Paris. »

Elle voulut, en outre, faire les frais des funérailles et résolut qu'un monument de sa reconnaissance fût érigé dans la capitale. La commission, assemblée à ce sujet, avait proposé de placer sa statue sous les voûtes du Panthéon, mais une lettre de MM. les vicaires généraux détourna ce projet, qui eût blessé les cœurs chrétiens, et il fut décidé que le monument serait placé à Notre-Dame de Paris, près de la chaire pastorale, près de l'autel où l'archevêque a prié, où il a offert la Victime sainte avant de s'immoler lui-même, et où il a puisé la volonté de mourir pour ses frères. Plus le monument qui lui est destiné sera simple, ajoutent les vicaires capitulaires, plus il nous retracera la simplicité de sa vie, et, s'il est permis de le dire, l'héroïque simplicité de sa mort. »

L'Assemblée décréta :

« Un monument sera élevé au nom et aux frais de la République, sous les voûtes de l'église métropolitaine de Notre-Dame de Paris, à la mémoire de l'archevêque de Paris.

» Sur le socle du monument seront inscrites ces paroles : *Le bon Pasteur donne sa vie pour ses brebis*, et les paroles du prélat : *Puisse mon sang être le dernier versé !* »

Le chapitre métropolitain, après avoir exprimé sa douleur, mêlée d'une sainte fierté et d'une noble joie, dans une lettre adressée au clergé et aux fidèles du diocèse, chargea M. l'abbé Cœur de prononcer l'oraison funèbre du prélat. Mais devançant les accents de cette voix éloquente, le peuple, par son pieux empressement auprès du lit funèbre, par ses larmes et ses respects, traçait un éloge auprès duquel tous les efforts de l'art oratoire restent bien froids et bien insuffisants. Depuis le jour de sa mort, le corps du noble prélat avait été exposé à la vénération publique dans une chapelle ardente. Il reposait sur un lit à colonnes, dans le style de la renaissance, d'une décoration simple et sévère. Il était revêtu de ses habits pontificaux, de couleur blanche; la crosse et la croix archiépiscopale étaient attachées aux quenouilles du lit funèbre; à droite et à gauche de cette dernière couche, on lisait ces mots : *Le bon Pasteur donne sa vie pour ses brebis, — La paix soit avec vous !* Des torches brûlaient à l'entour, et des prêtres, à genoux, récitaient à demi-voix l'office des morts. La figure découverte du pontife gardait, sous un voile de pâleur, une expression indicible de calme et de sérénité; il semblait qu'un rayon émané de la Jérusalem de paix eût déjà illuminé cette sainte dépouille.

On ne saurait, à moins de l'avoir vu, se faire une idée exacte de l'affluence qui se renouvelait incessamment pour vénérer ces précieux restes. Toutes les conditions de la société, mais surtout le peuple et l'armée, venaient à ce pieux rendez-vous. Cette foule, après avoir attendu parfois trois à quatre heures, sous les rayons d'un soleil brûlant, aux portes de l'archevêché, entrait enfin à son tour, muette et recueillie, vénérait du regard les traits chéris de son pasteur, priait et pleurait, et faisait toucher aux pieds du prélat des chapelets, des bijoux, des médailles, des bouquets d'immortelles. Les femmes tendaient leurs enfants; les soldats, les gardes mobiles, les gardes nationaux tiraient leurs sabres et leurs baïonnettes et en faisaient passer la lame ou la poignée sur la main de l'archevêque.

Le colonel d'un des régiments de dragons, campés dans Paris, se présenta en grand uniforme avec quelques officiers de son arme; et, après avoir prié dans la chambre même où le prélat avait rendu le dernier soupir, il dit aux grands-vicaires : « Je viens au nom de mon régiment, et je puis dire au nom de toute l'armée, rendre hommage au martyr qui s'est sacrifié pour nous. » Tous s'inclinaient devant ce noble trépas; et, mourant lui-même, le chantre des *Martyrs,* avait versé des larmes en apprenant la mort de l'archevêque de **Paris**, que bientôt il devait rejoindre [1]. Pendant huit jours, cette procession pieuse, digne des plus beaux âges de foi, se renouvela, toujours plus nombreuse, toujours plus attendrie. On craignit un moment que le petit pont suspendu, placé en face de l'archevêché, ne se rompit sous le poids de cette foule immense [2]; et, d'après le rapport des journaux, en un seul jour, cent mille personnes visitèrent le lit funèbre du prélat.

Il fallut pourtant arracher ces dépouilles chéries à l'amour, au culte de la population. Il fallut procéder à la cérémonie des funérailles.

Paris a vu, depuis peu d'années, passer bien des cercueils : elle a vu Napoléon rentrer dans sa ville en triomphateur, entouré d'une pompe théâtrale et guerrière; elle a vu le char funèbre qui renfermait les restes d'un jeune prince, frappé au milieu de ses prospérités; elle a vu

[1] Voir le discours prononcé par **M.** Ampère sur la tombe de Châteaubriand.

[2] La médaille frappée à l'effigie de Mgr. Affre fut vendue, en quelques jours, à plusieurs centaines de mille exemplaires.

les soldats et les poètes, les hommes d'état et
les orateurs, Benjamin Constant, Foy, Casimir
Perrier, Lamarque, Delavigne, Châteaubriand,
traverser ses rues, entourés des derniers cour-
tisans de leur gloire; mais jamais cette ville
où dorment tant de morts illustres, n'avait
contemplé de pareilles funérailles : simples dans
leur ordonnance, l'amour du peuple en faisait
la splendeur. Empruntons, pour les redire, un
récit aussi fidèle qu'éloquent :

« Le corps du saint prélat reposait sur un
lit en velours violet, porté par des soldats de
toute arme. Il avait les vêtements blancs avec
lesquels le pontife officie dans les grands jours
des fêtes joyeuses de l'Eglise. Il avait revêtu
la robe blanche de l'agneau. Le visage et les
mains étaient découvertes; la tête, coiffée de
la mitre blanche, et les pieds reposaient sur
des fleurs.

» Quatre évêques, en mitre blanche aussi,
et des prêtres marchaient à côté du cercueil,
vers lequel ils levaient sans cesse leurs mains
pour faire toucher aux mains et aux pieds de
celui qui ne pouvait plus bénir lui-même quelque objet que les fidèles empressés voulaient

faire sanctifier. Des officiers, des soldats, des gardes nationaux, des gardes mobiles faisaient aussi en foule bénir leur sabre ou leur épée.

» Devant ces saintes reliques, deux prêtres portaient un long rameau de palmier et une branche de chêne, double symbole de l'acte de dévouement et du triomphe d'une charité ardente.

» La crosse archiépiscopale et la croix étaient recouvertes d'un long voile noir.

» Quatre chanoines soutenaient des bannières de velours noir sur lesquelles on lisait ces mots : *Le bon Pasteur donne sa vie pour ses brebis ! — Que la paix du Seigneur soit avec vous ! — Je désire que mon sang soit le dernier versé ! — Seigneur ! Seigneur ! ayez pitié de votre peuple !*

» Le nombre des prêtres et des séminaristes qui précédaient le cercueil s'élevait à près de mille. Ils marchaient sur quatre rangs ; de temps en temps, ils psalmodiaient un verset du *De profundis* ; un chœur de prêtres, qui se tenaient près du cercueil, leur répondait. Ces chants de la mort chrétienne étaient accompagnés et dominés par les sourds tintements du bourdon de Notre-Dame.

» Les représentants du peuple qui suivaient le convoi, en écharpe tricolore, étaient fort nombreux et avaient à leur tête le président de l'Assemblée, les secrétaires et les questeurs. Après eux venaient les autorités militaires, judiciaires et civiles, quelques jeunes filles, vétues de blanc et les congrégations religieuses : les Frères de la doctrine chrétienne, les Sœurs de la charité, les Sœurs de Bon-Secours, les Sœurs de la Croix Saint-André, les Sœurs de Sainte-Marie, les Dames de Saint-Maur, les Dames de Saint-Thomas de Villeneuve, etc. [1].

» Il y avait en outre une députation des blessés de février avec une bannière ; une députation de la 10.e légion, avec le drapeau voilé d'un crêpe.

» Un escadron de cavalerie fermait la marche.

» Le convoi traversa la rue Saint-Louis, la rue des Deux-Ponts, le pont Marie, le quai

---

[1] Le jeune homme qui avait porté le rameau devant l'archevêque, marchant aux barricades, avait sa place dans le cortége : il portait, sur un coussin, la décoration de la Légion d'honneur.

de la Grève jusqu'au pont Notre-Dame, le pont Notre-Dame, le quai aux Fleurs, la rue de la Barillerie, le Marché-Neuf, la rue Neuve-Notre-Dame et le Parvis.

» Il était onze heures lorsque le corps du saint prélat fut introduit dans l'église. Il s'avança, porté par des gardes nationaux, lentement, car les assistants s'empressaient tous de faire passer des mouchoirs, des livres, des fleurs, pour les faire toucher à ces reliques vénérables. C'était un dernier adieu, jeté en passant, au milieu du silence solennel qui se fit en cet instant. Les regards se portaient avec effusion sur deux ouvriers qui avaient reçu l'archevêque dans leurs bras, quand il tomba, ainsi que sur le fidèle serviteur blessé à ses côtés. Nous avons été heureux de voir celui-ci monter à l'autel, au moment de l'offrande. Quelle manière plus touchante, plus convenable, de reconnaître le dévouement du serviteur et l'esprit évangélique du maître?

» Toute la vaste nef de Notre-Dame avait été abandonnée aux fidèles, sauf un vide réservé au milieu par une haie de gardes nationaux, afin de laisser la place nécessaire au convoi.....

» **La messe a été célébrée par Mgr. l'évêque de Meaux, suffragant de l'archevêché de Paris.** Il était assisté par ses confrères de l'épiscopat et par un nombreux clergé. L'orgue s'est tu pendant toute la cérémonie, et rien n'interrompait le chant lugubre du chœur. Il est impossible de se faire une idée de l'effet que produisit le *Dies iræ*, lorsqu'il retentit à travers l'immense basilique, tantôt gémissant seul, tantôt strident ou majestueux, tantôt enfin faible et plaintif, quand s'élevait, dans un lointain infini, la voix d'un enfant de chœur. Mais nous avions beau faire, il nous semblait toujours entendre plutôt les accents du pasteur priant encore pour son troupeau, que celle d'une âme en peine, appelant la miséricorde céleste sur ses propres imperfections.

» Bientôt vint l'Élévation, et alors vous eussiez vu toutes les troupes, qui remplissaient une partie de l'enceinte sacrée, poser un genou sur le pavé du temple en signe d'adoration ; il ne resta plus entre le ciel et la terre que deux victimes, l'une divin Exemplaire de la seconde, et celle-ci, humble, mais fidèle imitatrice de Celui qui mourut le premier pour le salut de son peuple. En cet instant suprême, il s'échappa sans doute un acte d'amour et de réconciliation de toutes les âmes : comment garder encore un levain de haine en présence de si grands sacrifices !

» Les cinq absoutes qui sont d'usage à la mort d'un archevêque furent données successivement par les prélats qui officiaient, et ensuite le clergé, les députations présentes et une foule de personnes s'empressèrent de jeter l'eau bénite sur le cercueil »

Les absoutes furent faites par son éminence Mgr. Fornari, archevêque de Nicée et nonce apostolique ; NN. SS. les évêques d'Orléans, de Blois, de Versailles, de Beauvais, de Langres, de Quimper, de Nevers, d'Amatha et l'archevêque de Chalcédoine étaient présents.

Le corps demeura exposé dans la métropole jusqu'à sept heures du soir. Ces heures furent consacrées aux derniers adieux de ce peuple à son pasteur. La vaste cathédrale ne suffisait plus à contenir les flots toujours renouvelés de la multitude; le sanctuaire même fut envahi. Des gardes mobiles avaient pris place dans les stalles à côté des membres du chapitre; les hommes, les femmes remplissaient le chœur, et c'était par faisceaux qu'on apportait les médailles, les armes, les livres, les chapelets, pour les faire bénir et toucher au corps. On ne voulait pas laisser refermer le cercueil, et au moment où il fut scellé, les gardes mobiles et les gardes nationaux l'enlevèrent et le portèrent autour du chœur, l'offrant une dernière fois à la vénération des fidèles. Ils voulaient même le descendre de leurs propres mains dans le caveau, et il fallut interposer l'autorité et invoquer la crainte des accidents pour les déterminer à se séparer de leur père et de leur pasteur.

Enfin, à sept heures et demie du soir, Mgr. Affre fut déposé dans le caveau sépulcral et prit place, jusqu'à la bienheureuse résurrection, à côté de ses vénérables prédécesseurs, les archevêques morts depuis la révolution, NN. SS. De Belloy, de Juigné, de Périgord et de Quélen.

——— ◇ ·······

CHAPITRE XV.

Oraison funèbre.

PAR ses dispositions testamentaires, Mgr. Affre léguait à sa famille sa fortune particulière, qui était peu considérable; il donnait au diocèse, pour acquitter le prix de bonnes œuvres, sa chapelle, ses ornements et autres objets précieux; il faisait don à la *maison des prêtres auxiliaires des Carmes*, de sa maison de campagne de Saint-Germain, et à ce legs il en ajoutait un plus précieux, celui de son cœur qu'il voulait voir reposer dans l'église de cette institution qui lui était si chère, près des reliques des martyrs de 93, qu'il avait entourés d'une si grande vénération. Ce vœu touchant fut exécuté, et le lundi 7 août, anniversaire du sacre de Mgr. Affre, le cœur du prélat fut transporté à l'église des Carmes.

Ce même jour, dans la cathédrale de Paris, en présence d'un nombreux auditoire [1], M. l'abbé Cœur, chanoine honoraire de l'église de Paris, prononça l'oraison funèbre de celui qui venait d'ouvrir une si noble page dans l'histoire de l'Eglise. Nous en extrairons deux ou trois fragments, heureux de pouvoir détacher quelques lignes de ces feuillets si pleins de chaleur et de vie !

L'orateur avait pris pour texte les mots du sacré cantique : *Celui qui est puissant a fait en moi de grandes choses* [2].

» ..... Nous avions un pontife savant et magnanime; il semblait nécessaire à l'Eglise de France, qu'il soutenait de ses conseils, de sa fermeté, de son expérience, dont il était, dans cette cité souveraine, le ministre éclairé, le défenseur infatigable. On aurait pu croire qu'il

[1] Le cardinal de la Tour-d'Auvergne, évêque d'Arras, offrait le saint Sacrifice, et on voyait autour de lui les évêques de Gand, d'Orléans, de Versailles, de Langres et de Quimper.

[2] Luc. I.

était formé tout exprès pour assurer, dans les travaux de nouvelle organisation, ses justes rapports avec les temps modernes; on se plaisait à le voir, au milieu des tempêtes, comme une solide colonne, inébranlable appui de l'édifice, et tout-à-coup le voilà qui tombe lui-même, emporté dans l'orage. Est-ce que son ministère est fini? est-ce que nos espérances étaient vaines? Gardez-vous de le croire, messieurs; il devient plus puissant par la mort; il achève en une heure le travail de toute une vie; il meurt, mais, comme son Maître divin, en mourant il triomphe, et l'on voit aussitôt la religion et la patrie qui viennent s'embrasser sur sa tombe!

» Il a été utile et grand dans sa vie, il a été plus utile encore et plus grand dans sa mort; dans sa vie il a resserré l'alliance de la patrie et de la religion; dans sa mort il a consommé l'alliance de la patrie et de la religion.

» ..... Tout en lui, ce qui était plus humble, ce qui était plus grand, semblait avoir été préparé pour cette fin auguste. Nul homme peut-être ne fut jamais plus simple; il était de l'*ancienne marque*, comme parle Bossuet, *de l'ancienne simplicité, de l'ancienne pro-bité.....* On aime à voir dans un évêque, mi-nistre des biens futurs, ce rayonnement na-turel d'un mérite qui n'affecte pas, ce parfait bon sens d'humilité qui lui fait porter sa dignité, conformément d'ailleurs au précepte du Christ, comme le signe et la décoration d'un service où il s'est soumis, ce grave et long regard qui descend comme un jugement du ciel sur nos petites importances et nos vanités d'ici-bas. Plus de recherche et de raffinement serait allé mal à l'air de cette noble vie, et aurait aussi mal préparé l'héroïsme de cette mort. Tout devait être antique dans cet homme; Dieu nous l'avait donné comme une figure détachée des premiers siècles du christianisme, pour dé-corer nos temps modernes et nous faire sou-venir des Pères de l'Eglise.....

» ..... Il y a quelque chose au-dessus des lois ordinaires dans le prodigieux éclat qu'a jeté cette mort. Certes, le dévouement de l'arche-vêque de Paris fut beau, mais d'autres vic-times ont succombé dans un dévouement aussi beau : nous avons vu tomber plusieurs de nos plus illustres citoyens, et ni leur rang dans le monde n'était moins élevé, ni leur courage n'a été moins grand, ni leurs douleurs n'ont été moins cruelles. Si cependant la France a distingué un de ses fils, si, dans le cortége qu'elle a fait à ses morts, les honorant tous de ses respects, de ses larmes, de son admiration, leur conservant à tous des bénédictions infinies dans une éternelle mémoire, elle a voulu donner à l'archevêque de Paris une première place; si cette figure sacrée a dominé les autres dans les témoignages de la vénération et de la reconnaissance publiques, c'est qu'il venait de s'accomplir dans l'ordre religieux un acte d'une telle importance, que Dieu avait jugé convenable de le signaler par des honneurs nouveaux aux méditations de la France.

» ..... Pourquoi se fait-il, messieurs, que dans ce peuple de France, le plus naturellement chrétien qui soit au monde, il se trouve tant d'hommes faciles à séduire, qui laissent voiler à leurs regards la vérité qu'ils aiment? Quelle indigne image on se plaisait à leur présenter du sacerdoce et de l'Eglise ! de quelle utilité pouvaient-ils être ! à quoi pouvaient-ils servir, qu'à embarrasser le monde et retarder sa marche? Feu sacré des nobles âmes, amour de la patrie, dévouements généreux, tendres soins des souffrants et des faibles, aspirations élevées aux progrès de l'humanité, est-ce que vous aviez seulement touché d'une étincelle la foi du christianisme, le cœur du sacerdoce?

» Ah! ce feu sacré, certes, ce n'est pas le sacerdoce qui l'étouffera; il n'en nourrit pas d'autre dans sa poitrine ardente; toutes les institutions qu'il a créées et auxquelles il préside en sont le foyer puissant, et il se sert de sa parole comme d'une torche enflammée pour en verser des torrents sur le monde. Comme il serait facile de le démontrer! que de beaux livres on a faits pour cela! et combien d'autres on pourrait faire encore! Mais qu'est-ce que des livres pour se prendre avec des fantômes?... Non, je vous le dis, non, ce n'est pas avec des livres qu'on pouvait réhabiliter de nos jours, dans les rangs des âmes séduites, la majesté du sacerdoce et de la religion.

» Le martyre, oui, le martyre, voilà la langue qu'il fallait parler pour convaincre. Le

martyre est un grand maître de persuasion ;
il ne raisonne pas, il ne discute pas, il fait
voir ; il n'explique pas la loi du mouvement,
il marche ; le martyre est au-dessus de tous les
doutes et de tous les soupçons ; il parle d'en
haut, de ces régions lumineuses où l'âme est
transparente, de ce monde supérieur où l'on
ne peut plus avoir d'intérêt que ceux de la
conscience et de la vérité ; le martyre ne ré-
pond pas aux fables, mais il se montre, et sa
majesté les écrase ; le martyre ne subjugue pas
seulement la raison, il fait tressaillir le cœur,
saisit l'imagination tout entière, la tient sus-
pendue dans sa contemplation, absorbée dans
l'admiration de ce que la nature humaine peut
avoir de sublime..... L'archevêque de Paris
était un grand docteur, il excellait dans la con-
troverse, il a composé de beaux ouvrages,
mais il aurait vécu cent ans qu'il n'aurait pas
fait un chef-d'œuvre comparable à cette apo-
logie qu'il a écrite avec son sang sur les pavés
du faubourg Saint-Antoine.

» ..... Maintenant, au nom du ciel, sur ces
reliques saintes, je vous adjure, dites-moi :
Que peut faire de plus le sacerdoce pour l'ordre

et la paix ? que reste-t-il après qu'on a donné sa vie ?..... Nos dévouements n'ont-ils pas été assez généreux ? Est-ce que nous ne vous avons pas assez aimés ? Ne sommes-nous pas entrés avec une sollicitude assez tendre dans votre vie, dans vos besoins, dans vos légitimes désirs ? Eh bien ! ne discutons pas ; que ce sang soit entre vous et nous ! le voulez-vous ainsi ? Eh bien ! nous, à l'avenir, par la vertu de ce même sang nous serons meilleurs et plus saints ; nous ranimerons dans notre cœur le feu sacré de notre ordination : nous nous souviendrons qu'alors, étendus comme pour nos funérailles, sur le pavé du sanctuaire, nous avons juré de mourir à nous-mêmes et de vivre uniquement pour vous, à qui Dieu venait de nous donner ! Ce fut là notre serment. Plus que jamais nous y serons fidèles. Que ce soit là le fruit sacré des bénédictions du martyr !

» ..... O père bien-aimé ! si nous pleurons sur nous que vous avez laissés, nous ne pouvons pleurer sur vous, que Dieu a choisi pour un si grand dessein ! Victime de paix, qui deviez réconcilier par votre mort toutes les âmes, et resserrer les liens de la patrie et de la religion, Dieu vous a accordé un de ces rares honneurs qu'il dispense dans le cours des siècles à de longs intervalles. Partez dans les joies de votre âme heureuse d'un si beau sacrifice ! partez dans les plus magnifiques témoignages de l'amour du ciel et du respect des hommes ! partez en laissant derrière vous l'Eglise honorée, la patrie consolée !

» ..... Il est vrai, nous ne sommes plus avec vous ; mais la distance qui nous sépare est légère, et chaque minute qui vole nous rapproche. En attendant, laissez-nous votre esprit comme un gage de votre protection immortelle ! envoyez-nous de là-haut ces flots de science et de sages conseils que nous recevions ici-bas de votre bouche, cette force sacrée que nous donnaient l'appui de votre bras, la sûreté de votre expérience. Soyez notre père, notre modèle, notre ami toujours. Cœur de celui que nous avons tant vénéré, que nous avons aimé avec une si grave tendresse, ranimez-vous une dernière fois pour bénir toute cette assemblée..... Déjà nous vous voyons couronné de l'auréole des martyrs, assis au milieu des docteurs, et contemplant face à face la vérité de Dieu que vous avez tant aimée sur la terre..... »

Tels furent les honneurs que l'Eglise de Paris, au nom de toute la France, rendit à son chef bien-aimé. Mais cette gloire n'appartenait pas à une seule ville, à un seul diocèse, à un seul pays, elle était universelle, elle était catholique et elle fut revendiquée par l'Eglise entière. Rome, le centre de l'unité, fut remplie d'admiration ; le saint Père, Pie ix, fit célébrer, à la mémoire de Mgr. Affre, un service funèbre en l'église de Sainte-Marie-Majeure, et le grand Pontife y assista, entouré des cardinaux et de toute la cour romaine.

Les évêques de France exprimèrent, par de nobles paroles, leur douleur, leur sympathie et leur généreuse émulation.

De l'autre côté de la Méditéranée, dans la nouvelle Eglise d'Afrique, la mort glorieuse de l'archevêque retentit dans tous les cœurs : « Trépas héroïque, dit l'évêque d'Alger, dont l'image rayonne comme un arc d'alliance entre les camps opposés, fin digne d'envie, mort féconde pour l'avenir. »

« Un jour, ajoute le prélat, il y a de cela quatorze siècles (403), dans l'arène où, sous les yeux du peuple romain, s'entr'égorgeaient des couples de gladiateurs, un solitaire venu tout exprès de l'Orient, Télémaque, au nom de Jésus-Christ, sauveur des âmes, veut arracher le fer aux mains des combattants. A la parole de l'homme de Dieu, les glaives s'abaissent... quand des gradins de l'amphithéâtre partent des cris de fureur ; une grêle de pierres vient frapper le généreux anachorète ; il tombe ! Mais son sang est le dernier qui coulera dans l'arène, et ce que l'esprit du christianisme, les réclamations de l'Eglise, les lois de Constantin n'ont pu empêcher jusque-là, le sang de Télémaque l'efface sans retour ; les jeux de gladiateurs sont désormais abolis.

» Un sacrifice pareil vient d'être consommé sous les yeux de la France, et au milieu de l'arène ensanglantée par une lutte fratricide. En mourant, le vénérable archevêque de Paris a demandé à Dieu que sa vie fût la dernière ainsi jetée au plomb meurtrier de la guerre civile ; la prière du martyr montera vers le ciel, son tombeau deviendra l'autel de la réconciliation. Témoins de tant d'héroïsme, lassés de tant de carnages, confondus dans un même sentiment de religion et de paix, les Français s'embrasseront, pour ne jamais plus se diviser, sur le sein de la mère patrie ! »

L'Angleterre s'émut : on célébra des services en l'honneur du prélat dans toutes les chapelles catholiques de Londres. Il y eut surtout un mouvement solennel et attendrissant, lors de la bénédiction de la nouvelle église catholique de Saint-Georges, où se trouvaient réunis plusieurs évêques, et cette phalange de nouveaux apôtres de la vérité, à la tête desquels est placé le célèbre Newman. Mgr. Wiseman, après avoir parlé des martyrs qui ont versé leur sang pour l'Eglise, a cité un autre martyr, l'archevêque de Paris, qui est mort pour son Dieu et pour ses frères.

» J'ai reçu, a ajouté Mgr. Wiseman, d'un ton très-ému, une lettre de l'Archevêque de Paris, un ou deux jours avant sa mort. Cette lettre est ainsi conçue :

« Je ne saurais vous exprimer combien j'ai » été touché de votre cordiale invitation et des » motifs qui vous ont déterminé à me l'adres-

» ser. J'ai réfléchi, pendant plusieurs jours,
» sur la possibilité de me joindre à vous dans
» votre belle solennité. Mon désir m'avait fait
» espérer que je pourrais vaincre les difficultés
» qui s'opposaient à l'exécution de mon projet ;
» mais après avoir longtemps réfléchi et pris
» l'avis de personnes sages, j'ai cru préférable
» de ne pas abandonner mon diocèse en ce mo-
» ment.

» Vous pouvez tous comprendre les devoirs
» que les circonstances actuelles exigent de
» moi ; combien je regrette de ne pouvoir join-
» dre mes prières à celles de tant de vénéra-
» bles frères, et répondre à votre aimable invi-
» tation.

» Recevez, en conséquence, l'expression de
» mes sincères regrets, et l'assurance de mes
» sentiments d'estime pour vous. »

» Mgr. Wiseman, en lisant cette lettre, san-
glottait, et plusieurs personnes pleuraient. Il a
dit ensuite que tous les évêques qui n'avaient
pu se rendre à l'invitation qui leur avait été
faite, avaient promis de joindre leurs prières
à celles de l'Assemblée, tandis que l'Archevêque de Paris, comme s'il avait eu le pressenti-

ment de son sort, avait senti que sur la terre il ne pourrait joindre ses prières à celles de ses frères. »

On lut, du haut de la chaire, comme aux jours des catacombes, le récit de ce grand évènement, dans une église de Hollande ; toute l'Europe enfin en retentit et peut-être, pour les nations séparées, ce sang de martyr deviendra-t-il une nouvelle semence de croyants !

FIN.

TABLE DES MATIÈRES.

FIN DE LA TABLE.

— Lille, Imprimerie de L. Lefort. 1849. —

BIBLIOTHÈQUE

HISTORIQUE ET MORALE.

90 vol. in-12 avec fig.

CORRESPONDANCE DE FAMILLE sur le choix des amis, etc.

* DOM LÉO, ou le pouvoir de l'amitié, par l'auteur de *Lorenzo*.

DRAMES à l'usage des colléges et des pensionnats.

* EDMOUR ET ARTHUR, par l'auteur de *Lorenzo*.

* ÉPREUVES (les) DE LA PIÉTÉ FILIALE, par le même.

EUGÉNIE DE REVEL, souvenirs des dernières années du 18.ᵉ siècle.

FAMILLE (la) LUZY, par Henri Marg.***

FERNAND ET ANTONY; épisode tirée de l'hist. d'Alger.

FOI (la) L'ESPÉRANCE ET LA CHARITÉ, par M. L. B.

FRÉDÉRIC, ou l'amour de l'argent, par Mᵐᵉ Cés. Far.

GILBERT ET MATHILDE; épisode de l'hist. des crois.

HENRI DE FERMONT, ou la sévère leçon.

HISTOIRE D'ANGLETERRE.

HISTOIRE DE BOSSUET, par F. J. L. 2ᵉ édition.

HISTOIRE DE DU GUESCLIN, par ***

HISTOIRE DE FÉNELON, par F. J. L. 3ᵉ édition:

HISTOIRE DE FRANÇOIS Iᵉʳ, roi de France.

HISTOIRE DE GODEFROI DE BOUILLON, suivie de l'histoire des Croisades.

HISTOIRE DE HENRI IV, roi de France et de Navarre.

HISTOIRE DE LA RÉVOLUTION FRANÇAISE.

HISTOIRE DE LOUIS XII, surnommé le père du peuple.

HISTOIRE DE LOUIS XIV, à l'usage de la jeunesse.

HISTOIRE DE MARIE—ANTOINETTE, et précis sur Mᵐᵉ Elisabeth.

HISTOIRE DE NAPOLÉON, par l'auteur de l'*Histoire de Vauban*.

HISTOIRE DE PHILIPPE-AUGUSTE.

HISTOIRE DE RUSSIE.

HISTOIRE DE SAINT FRANÇOIS D'ASSISE, par M. l'abbé Petit.

HISTOIRE DE SAINTE MONIQUE, par le même.

HISTOIRE DE S. LOUIS.

HISTOIRE D'ESPAGNE.

HISTOIRE DES SOLITAIRES D'ORIENT, tirée des auteurs ecclésiastiques.

HISTOIRE DE STANISLAS, roi de Pologne; extraite de l'abbé Proyart, par ****

HISTOIRE DE VAUBAN, par l'auteur de l'*Histoire de Napoléon*.

HISTOIRE DU BAS-EMPIRE, par Ant. Caillot.

HISTOIRE DU BRAVE CRILLON.

HISTOIRE DU GRAND CONDÉ, par l'auteur de l'*Histoire de Louis* XIV.

HISTOIRE DU MOYEN-AGE; par F. G.

HISTOIRE DU PONTIFICAT DE PIE VI.

HISTOIRE DU PONTIFICAT DE PIE VII.

JEANNE D'ARC, par Maxime de Mont-Rond.

JÉRUSALEM, histoire de cette ville célèbre.

JULES, ou la vertu dans l'indigence.

JULIEN DURAND; nouvelle imitée de l'anglais.

LANCELLE ET ANATOLE, ou les soirées artésiennes, par D. J. D.

* LORENZO, ou l'empire de la religion. G. T. D.

MANUSCRIT (le) BLEU.

MISSIONS D'AMÉRIQUE, d'Océanie et d'Afrique, par Maxime de Mont-Rond.

VIE DE BRYDAYNE , Missionnaire , par l'abbé Carron.

VIE DE MARIE LECKZINSKA, reine de France, par l'abbé Proyart.

VIE DE SAINTE THÉRÈSE, suivie de la paraphrase sur le *Pater*.

VIE DE SAINT VINCENT DE PAUL, extraite de la vie du Saint, par Collet.

VIE PRATIQUE DE S. ALPHONSE DE LIGUORI, par M. l'abbé Gillet.

VIE PRATIQUE DE S. LOUIS DE GONZAGUE, par le même.

VISNELDA, ou le Christianisme dans les Gaules, par Mme V. M***

VOYAGE A HIPPONE, au commencement du 5e siècle.

* VOYAGE AUX PYRÉNÉES, par l'auteur du *Retour des Pyrénées*.

VOYAGES AUX MONTAGNES ROCHEUSES, par le P. de Smet.

VOYAGE SUR LA MER DU MONDE, orné d'une carte allégorique.

YOULOFI (les) ; histoire par M. de Préo.

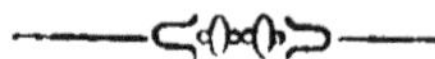

www.ingramcontent.com/pod-product-compliance
Ingram Content Group UK Ltd.
Pitfield, Milton Keynes, MK11 3LW, UK
UKHW031841170726
13836UKWH00004B/1810